AF295747

VIE DE SAINT MARTIAL

Apôtre d'Aquitaine

Fondateur de l'Eglise de Rodez

Prix : *0 fr. 30 centimes*

Franco : *0 fr. 40.*

RODEZ

IMPRIMERIE CATHOLIQUE

1918

En vente à l'Imprimerie Catholique, à Rodez

HISTOIRE DE SAINT MARTIAL

Apôtre d'Aquitaine, fondateur de l'église de Rodez

par M. le Chanoine TOUZERY

L'*Histoire de saint Martial* est en vente à l'Imprimerie Catholique 29, rue de Bonald, à Rodez, au prix de 0.80 centimes, *franco* par la poste, 1 franc.

HISTOIRE DE SAINT AMANS

Premier évêque de Rodez

par M. le Chanoine TOUZERY

Brochure in-octavo XXIV — 80 pages, illustrée de trois photogravures. — Prix : 1 franc. — *Franco par la poste* 1 fr. 20. Imprimerie Catholique, rue de Bonald, 29.

LETTRE DE Mgr RICARD

Mgr Ricard, archevêque d'Auch, adresse à l'auteur, la lettre suivante :

ARCHEVÊCHÉ   Auch, le 11 décembre 1917.
D'AUCH

Cher Monsieur Touzery,

Vos deux nouveaux volumes me sont arrivés comme un nouveau témoignage de votre bonne amitié, de votre constant travail et du souci que vous avez de nos gloires religieuses.

Vous serez loué d'avoir vengé celles-ci contre ceux qui croient avoir fait œuvre scientifique en enlevant à nos origines chrétiennes l'auréole dont les traditions les plus anciennes les avaient couronnées.

Je sais avec quelle conscience vous avez étudié les pièces dont est faite notre histoire et avec quel patient labeur vous les avez rapprochées pour en faire jaillir la lumière.

Votre jugement restera pour nous le vrai et le définitif.

Saint Martial et saint Amans vous bénissent pour avoir si bien parlé de leur apostolat.

Agréez, je vous prie, avec mes remercîments, la nouvelle expression de mes affectueux sentiments.

† ERNEST *archevêque d'Auch*

VIE DE SAINT MARTIAL

Apôtre d'Aquitaine

Fondateur de l'Eglise de Rodez

par M. le Chanoine J. TOUZERY

Vicaire général de Rodez

RODEZ

IMPRIMERIE CATHOLIQUE

1918

STATUE DE SAINT MARTIAL

Apôtre d'Aquitaine

Erigée à Roc-Amadour, par Mgr Enard

PRÉFACE

Nous avons publié récemment une *Histoire de saint Marttal*, composée d'après d'anciens documents dont la plupart ont été recueillis, au siècle dernier, par le chanoine Arbellot, de Limoges, et par le cardinal Bourret, évêque de Rodez. Il nous semble utile, pour l'édification des fidèles, de faire paraître également une vie populaire de l'Apôtre d'Aquitaine.

On connait deux anciennes vies de saint Martial : l'une, écrite vraisemblablement vers la fin du cinquième siècle, nous a transmis un récit détaillé des débuts du ministère de saint Martial et de son apostolat dans le Limousin. Cette biographie, connue sous le nom de « légende aurélienne, » a joui, dans les siècles chrétiens, d'une grande considération ; elle était très répandue et elle servait de texte pour les leçons liturgiques de la fête de saint Martial, dans la plupart des diocèses.

L'autre vie de saint Martial est beaucoup plus abrégée. Elle s'étend spécialement sur la mission confiée à saint Martial par l'apôtre saint Pierre ; elle rapporte en outre quelques miracles accomplis au tombeau du saint évêque de Limoges.

Cet écrit a été, comme précédent, très apprécié au moyen âge : un exemplaire récemment découvert servait de lectionnaire au dixième siècle dans un monastère d'Italie ; un autre, plus ancien encore, a été fait dans la première moitié du neuvième siècle par un moine bénédictin d'une île du lac de Constance.

Indépendamment des renseignements fournis par
ces deux anciennes vies, qui parlent presque uniquement l'apostolat de saint Martial dans le Limousin,
nous avons recueilli quelques autres indications dans
des documents locaux. Saint Paul recommande aux
fidèles de se souvenir de ceux qui leur ont annoncé la
parole de Dieu. La reconnaissance nous fait manifestement un devoir de ne pas oublier les saints missionnaires qui ont affronté tant de fatigues et tant de périls
pour nous arracher aux ténèbres de l'idolâtrie et pour
faire briller à nos yeux la lumière évangélique. D'ailleurs le souvenir de ces apôtres nous porte à les invoquer et nous assure leur protection.

—o—

C'est pour faire mieux connaître et aimer saint Martial que nous nous sommes attaché à faire revivre la
mémoire de ce glorieux thaumaturge.

On remarquera, dans cette brochure, une photogravure reproduisant l'image de l'autel de saint Martial
à Limoges : nous remercions M. le curé de Saint Michel
des Lions d'avoir bien voulu nous procurer le moyen
d'ajouter à notre opuscule cette précieuse illustration.

Nous publions aussi le fac-simile du reliquaire du
Saint Soulier et du Saint Voile, apportés à Rodez par
l'Apôtre d'Aquitaine et conservés dans notre cathédrale.

Puisse ce modeste travail contribuer à réveiller dans
les cœurs la dévotion envers l'héroïque apôtre, à qui
nous sommes redevables du grand bienfait de la civilisation chrétienne !

J. T.

Vie de Saint Martial

I

ORIGINE ET ADOLESCENCE DE SAINT MARTIAL

DANS sa *Cosmographie universelle*, publiée en 1575, le géographe André Thévet, cosmographe du roi de France, rapporte qu'il a rencontré en Palestine, au village d'*Arouha* situé à trois lieues de Rama, une église dédiée à saint Martial pour rappeler la naissance de ce saint en cette localité.

L'apôtre d'Aquitaine, en effet, d'après son biographe, était originaire d'une noble famille de la tribu de Benjamin.

A la première nouvelle de la prédication du Messie sur les bords du Jourdain, ses parents, Marcel et Elisabeth, s'empressèrent d'aller écouter cette parole du salut. Touchés de la grâce, ils sollicitérent le baptême pour eux-mêmes et pour leur fils unique Martial, qu'ils présentèrent à Jésus. De divin Sauveur fit répandre sur eux l'eau régénératrice par son apôtre Pierre.

Martial était alors âgé de quinze ans. La vue du divin Maître avait captivé son âme et il demanda la faveur de demeurer avec lui et de s'attacher à son service.

D'après une tradition, dont nous trouvons l'écho dans les écrits des docteurs catholiques, notamment dans saint Thomas et dans saint François de Sales, la candeur et l'inocence du jeune Martial lui valurent les prédilections de Jésus. C'est cet adolescent que le divin Sauveur aurait placé un jour au milieu des apôtres en leur disant : « Si vous ne devenez semblables à cet enfant, vous n'entrerez pas dans le royaume des Cieux. »

L'évêque de Genève dépeint cette scène touchante en son gracieux langage :

« Voyez saint Martial, — car ce fut. comme on dit, le bienheureux enfant duquel il est parlé en saint Marc ; — Notre-Seigneur le prit, le leva et le tint assez longtemps entre ses bras. O beau petit Martial, que vous êtes heureux d'être saisi, pris, porté, uni, joint et serré sur la poitrine céleste du Sauveur, et baisé de sa bouche sacrée, sans que vous y coopériez qu'en ne faisant pas résistance à ses divines caresses ! » (1).

Les traditions limousines du moyen-âge, admises par les écrivains ecclésiastiques, identifient également saint Martial avec l'enfant signalé dans l'Evangile comme portant avec lui dans le désert les cinq pains et les deux poissons, dont la multiplication miraculeuse fournit à cinq mille hommes une nourriture abondante.

La jeune Martial trouvait son bonheur à ne jamais quitter le divin Maître. A cette école, sa riche nature se formait aux plus belles vertus. Il savourait toutes les paroles qu'il entendait : il conservait dans son cœur le souvenir de toutes les actions divines dont il était le témoin.

Il prit part aux préparatifs de la dernière Cène ; c'est lui qui apportait aux convives les aliments préparés pour ce festin mémorable. Avec quelle émotion cet aimable adolescent dut écouter les paroles d'adieu prononcées par le Sauveur en cette circonstance si solennelle !

Uni à saint Pierre par des liens de parenté, Martial continua de demeurer avec les Apôtres après la Passion de Jésus-Christ. Il se trouvait avec eux lorsque le divin ressuscité daigna se manifester à eux le soir du dimanche de Pâques. Témoin des apparitions de Jésus, il écouta les divins avis que le Sauveur leur communiquait au sujet de son Eglise et il le suivit sur la montagne des Oliviers le jour de l'Ascension.

____

(1) *Traité de l'amour de Dieu*, livre VII, chapître II.

Avec les cent vingt disciples qui attendaient dans le Cénacle la venue du Saint-Esprit, il persévéra dans la prière et, le jour de la Pentecôte, il reçut comme eux les dons du divin Paraclet.

Quoique encore adolescent, le jeune Martial était merveilleusement préparé à remplir sa mission apostolique.

II

MARTIAL DISCIPLE DE SAINT PIERRE

REMPLI du Saint Esprit, Martial se dévoue avec une ardeur nouvelle au service du Christ, dont Pierre est le représentant. Peut-on douter qu'il n'ait offert ses services les plus empressés au Prince des Apôtres pour conférer le baptême aux milliers de convertis qui le reçoivent ? Pierre est avec Jean lorsque s'accomplit à Jérusalem la guérison miraculeuse qui amène à Jésus-Christ cinq mille nouveaux disciples ; c'est également ment avec Jean qu'il se rend à Samarie pour donner le Saint-Esprit aux habitants convertis par le diacre Philippe. L'action simultanée de ces deux apôtres, au lendemain de la Pentecôte, amène notre pensée auprès de l'auguste Vierge, chargée par son divin Fils de tenir lieu de mère à l'apôtre Jean. Pierre pouvait-il accomplir son œuvre sans recourir aux lumières et à l'intercession de la divine Mère du Christ ?

Martial, le privilégié de Jésus, devait aimer à solliciter de son côté les bénédictions de la Sainte Vierge, et trouver son bonheur à réaliser les moindres désirs de Marie.

Ainsi ce jeune homme progresse tous les jours dans l'amour divin et dans la pratique des vertus apostoliques, au contact de Pierre, dont il est le fidèle disciple. A la nouvelle que le diacre Etienne est lapidé par les Juifs, Martial ne peut manquer d'être l'un des plus intrépides et des plus zélés pour recueillir le sang du saint diacre et pour rendre un culte pieux à la mémoire et aux restes sacrés du premier martyr du Christ.

La persécution des Juifs, loin de déconcerter son ardeur, ne fait que l'exciter davantage.

Lorsque saint Pierre, après avoir confié à Jacques le Mineur l'église de Jérusalem, se rend à Antioche pour y établir sa chaire. Martial l'accompagne dans cette capitale de l'Asie. Plusieurs autres disciples du Sauveur suivent le Chef des Apôtres, et, à son exemple, ils prêchent partout la résurrection de Jésus-Christ et la nécessité de la pénitence. Dieu bénit leur zèle et de nombreux païens se convertissent

La cité d'Antioche devient alors la tête de la chrétienté. C'est de là que partent Saul et Barnabé pour aller évangéliser les Gentils. Cette église reçoit de la chaire de Pierre un lustre éclatant ; elle est ainsi la mère des autres églises fondées par le Prince des Apôtres, dans les diverses cités de l'Asie mineure.

Après sept ans d'apostolat dans cette région. Pierre tourne ses regards du côté de l'Occident. Pour obéir au divin Maître, qui lui a donné l'ordre de prêcher dans tout l'univers, il va fixer son siège dans la capitale même du monde. Sept ans auparavant, il arrivait à Antioche où il a fondé une chrétienté florissante ; il laisse à saint Evodius le gouvernement de cette grande église et lui-même se dirige vers Rome, où le suivent Martial et la plupart de ses autres disciples.

III

Saint Martial a Rome

C'EST au printemps de l'an 42 de l'ère chrétienne, la deuxième année du règne de l'empereur Claude, que Pierre fit sa première entrée dans la capitale du monde (1). Plusieurs érudits pensent que cet évènement eut lieu le 25 avril et que la *grande litanie* ou procession, fixée à cette date, avait primitivement pour but de le commémorer.

Le Prince des Apôtres se rendit d'abord dans le quartier

____

(1) Dom Guéranger, *Sainte Cécile et la Société Romaine* p. 16.

juif : le sanctuaire actuel de *Saint Pierre in Montorio,* sur le Janicule. rappellerait, d'après dom Guéranger, l'emplacement du premier domicile du Chef de l'Église à Rome. Parmi les nombreux Juifs qui habitaient cette partie de la grande cité. il y avait, on n'en saurait douter. quelques témoins du miracle de la Pentecôte ; tous en effet se faisaient un devoir de se rendre à Jérusalem pour y célébrer cette fête. Ceux qu'avait convertis la première prédication de Pierre durent accueillir avec joie la nouvelle de la visite de l'apôtre qui avait ouvert leurs yeux à la lumière de la vérité ; tels étaient vraisemblablement l'industriel Aquila et sa femme Priscille. qui, d'après une tradition respectable, furent les premiers à recevoir le Chef des Apôtres dans leur habitation du mont Janicule.

« Là où est Pierre. là est l'Église », ont proclamé les catholiques de tous les âges. Cette vérité pénétrait plus particulièrement les premiers disciples du Christ. Aussi, la plupart de ceux qui avaient bénéficié des dons du Saint Esprit au jour de la Pentecôte. eurent il à cœur de suivre à Rome le premier pasteur de l'Église, pour se dévouer sous sa direction à la conversion des Gentils. Un « Théâtre » ancien, récité autrefois dans l'église de *Sainte Marie in Via lata,* porte en effet ces paroles :

« [...] les hommes les plus distingués qui adoptèrent sa nouvelle doctrine. Martial demeurait dans une autre partie de la ville, au lieu qui est appelé *Via lata* « voie large ». C'est là qu'il construisit un petit oratoire où il célébrait le divin sacrifice ; il y faisait entendre sur la foi au Christ des paroles d'une douce onction et il baptisait un grand nombre de personnes. »

Saint Pierre n'était pas demeuré longtemps sur le Janicule. Signalé peut-être par Corneille, l'officier romain que lui-même avait baptisé à Césarée, il s'était établi sur le

Viminal, dans la maison patricienne du sénateur Pudens, qui appartenait à la même famille que ce centenier, le premier des Gentils appelé à la foi. Dans ce milieu aristocratique. plusieurs âmes d'élite s'attachèrent au Christ. notamment Pomponia Graecina, noble matrone, connue. parmi les fidèles. sous le nom de *Lucine*. C'est elle qui donna le premier cimetière. dont les catacombes servirent de lieu de réunion aux premiers chrétiens de Rome. Saint Pierre y plaça sa première chaire ; il en établit bientôt une seconde, dans un oratoire qu'il érigea chez le sénateur Pudens.

Dès son arrivée à Rome, le chef des Apôtres avait adressé une lettre aux chrétiens d'Asie Mineure ; il fit écrire, pour les chrétiens de Rome, un évangile, par son disciple Marc, qu'il chargea bientôt d'aller fonder l'église d'Alexandrie.

Martial s'adonnait avec ardeur au ministère de la prédication dans le quartier de *Via lata*, le plus fréquenté de Rome. C'est là que devait arriver quelques années plus tard, Paul, le prisonnier du Christ, qui avait fait appel à César. D'après une tradition, confirmée par des fresques anciennes et par une vieille inscription. aujourd'hui disparue, le grand Apôtre fut confié à la garde d'un soldat nommé Martial, martyrisé sous Néron ; on suppose avec vraisemblance que ce gardien avait reçu le baptème des mains de saint Martial, dont il avait pris le nom.

Saint Paul était accompagné de saint Luc qui, d'après une tradition romaine, peignit lui même l'image de la mère de Dieu, encore vénérée dans le sanctuaire de Sainte-Marie *in Via lata*, actuellement titre cardinalice.

L'Apôtre aurait composé, dans cette résidence, son épître aux Hébreux, et son disciple Luc y aurait écrit les *Actes des Apôtres*.

Les traditions de *Sainte Marie in Via lata* nous apprennent que Martial, avant de se rendre en Gaule, évangélisa la ville de Ravenne. On présume, d'ailleurs, qu'il accompagna saint Pierre dans plusieurs autres cités d'Italie.

IV

Départ pour la Gaule

D'APRÈS la légende aurélienne, c'est le Seigneur lui-même qui, dans une vision, prescrivit à saint Pierre d'envoyer Martial dans les Gaules, afin d'arracher à la superstition païenne les nombreuses populations de cette contrée.

Le chef des apôtres appelle aussitôt son disciple pour lui transmettre les instructions qu'il vient de recevoir. A ces paroles, Martial répand d'abondantes larmes ; son cœur se déchire à la pensée de se séparer du pasteur suprême qu'il n'a jamais quitté. Il redoute ce voyage lointain dans un pays totalement aveuglé par les ténèbres de l'idolâtrie.

« Frère bien-aimé, lui dit le Pontife Suprême, ne craignez pas. Le Seigneur notre maître sera toujours avec vous selon sa promesse. Après sa résurrection, il nous a ordonné d'aller dans le monde tout entier et de prêcher l'évangile à toute créature ; nous ne pouvons nous soustraire à son divin précepte. Allez donc, mon frère ; faites connaître la vraie religion à ce malheureux peuple, asservi au démon, et amenez-le à confesser le Christ. Il y a dans les Gaules, une cité nommée Limoges, ensevelie dans l'erreur ; le Christ vous la confie et il vous charge également de lui amener les autres cités de la même région. Prenez donc vos deux disciples de confiance, et ayez bon courage. »

Ainsi rassuré, Martial quitte la ville de Rome, accompagné d'Alpinien et d'Austriclinien, venus avec lui de l'Orient.

Les trois missionnaires prêchent le Christ aux populations qu'ils rencontrent sur leur parcours. Ils arrivent à *Gracchianum*, appelé plus tard *Granciano*, dans la Toscane, sur les bords de la rivière d'Else (1). C'est là que Martial est soumis à une pénible épreuve : il voit son cher compagnon Austriclinien expirer sous ses yeux. Désolé d'une mort si inopinée, il revient sur ses pas et il court à Rome pour informer saint Pierre de cette triste nouvelle. L'apôtre compatit à son chagrin et ranime son espérance : « Hâtez-

(1) *Granciano* se trouvait à une vingtaine de kilomètres de Sienne et à 2 kilomètres de la ville épiscopale de Colle.

vous dit-il. prenez mon bâton et revenez au lieu où vous
avez laissé votre frère inanimé. Pendant ce temps, je prie-
rai et, au contact de ce bâton, le cadavre du défunt repren-
dra la vie. »

Plein de confiance en ces paroles, Martial s'empresse de
revenir auprès du corps inanimé de son fidèle disciple. O
merveille ! Les yeux du défunt s'ouvrent à la lumière. dès
qu'on approche de lui le bâton apostolique et Austriclinien
se relève plein de vie. Ce miracle amène au Christ les habitants de Gracchianum et de la ville de Colle.

Plus tard, une église fut élevée en l'honneur de saint
Martial sur le tombeau de son disciple ressuscité.

Au commencement du onzième siècle. Adémar de Cha-
bannes signalait l'existence de cet édifice. qui a subi diverses transformations, mais, qui est encore debout, quoique
le village de Granciano ait été détruit ; on y voit une inscription et des peintures du quatorzième siècle rappelant
diverses circonstances de la vie de saint Martial.

On remarque également, dans la cathédrale de la ville
de Colle une chapelle dédiée à saint Martial ; un tableau
[illegible] représentant Austriclinien avec le bâton de saint Pierre.

Ce bâton, à l'aide duquel saint Martial accomplit de
[illegible]
[illegible]
[illegible]

[illegible] les
traditions de [illegible] de Colle, en Toscane, aussi bien
que par celles de Limoges.

Ce miracle éclatant ne pouvait qu'inspirer à tout le cor-
tège qui accompagnait le saint une profonde confiance en
la vertu de saint Pierre. C'est d'ailleurs le seul évènement
consigné dans la vie de saint Martial, depuis son départ de
Rome jusqu'à son arrivée en Limousin. Le biographe ne
s'occupe dès ce moment de raconter que les faits accomplis
dans le pays où il écrit.

On ne peut donc faire que des conjectures sur l'arrivée de Martial dans les Gaules et sur la route qu'il suivit en se dirigeant vers Limoges.

Il est vraisemblable que Saint Trophime a été le premier envoyé du Chef des apôtres dans les Gaules ; on doit donc présumer que ce saint, au moment de recevoir le Martial, se trouvait déjà dans sa cité d'Arles et qu'il y avait formé un noyau de fidèles.

La pieuse caravane de saint Martial ne pouvait manquer, en passant, de saluer ces frères.

La route la plus naturelle pour elle, était de monter jusqu'à Lyon, capitale des Gaules, où semblait naturellement désignée une halte nouvelle. Le groupe des pieux apôtres y dut y trouver également quelques disciples du Christ.

La route de Lyon à Saintes, par Clermont et Limoges conduisait Saint Martial à la cité où il devait établir le centre de son apostolat.

V

PREMIÈRES ÉTAPES CHEZ LES LÉMOVICES

C'EST par la ville fortifiée de Tullum Toulx Sainte Croix) que le saint inaugure sa prédication aux Lémovices. On a reconnu autour de Toulx: dit Jeanne dans son *Dictionnaire géographique de la France*, « les vestiges d'une ville celtique, triple enceinte, temples, portes de ville et autres monuments. »

Des hauteurs où cette ville antique est fièrement assise, au centre de la Gaule, Martial peut contempler le vaste horizon qui déroule à ses yeux les contrées destinées à être le théâtre de son zèle.

Un noble habitant de Toulx, nommé Arnulphe, offre l'hospitalité aux missionnaires. Sa fille unique était péniblement tourmentée par le démon. Dès que Martial entre dans cette demeure, l'esprit malin s'écrie :

« Je sais que je sortirai de cette jeune fille, parce que les anges qui vous accompagnent me tourmentent horriblement ; mais je vous adjure, par le Crucifié que vous prêchez, de ne pas me précipiter dans l'abîme. »

— « Et moi, reprend l'homme de Dieu, je t'adjure, par ce même Crucifié. de sortir du Corps de cette jeune fille, et de ne plus y pénétrer, mais d'aller en un lieu désert où ne se trouve ni oiseau. ni habitation humaine. »

A ces mots la jeune fille vomit l'esprit immonde et elle paraît morte ; mais le bienheureux Martial la prend par la main, la relève et la rend saine et sauve à son père.

Le zélé missionnaire ne cesse de prêcher Jésus Christ. Il opère bientôt un miracle éclatant. Le gouverneur de la forteresse, nommé Nerva, voit son fils expirer subitement sous ses yeux. Aussitôt il accourt avec sa famille aux pieds de Martial. dont les miracles et la sainteté sont déjà proclamés dans la ville. « Homme de Dieu, lui disent-ils, aidez-nous », et ils présentent au saint pontife le corps inanimé du jeune homme.

— « Demandons au Seigneur, répond saint Martial, qu'il daigne le ressusciter. » Alors il adresse au ciel une ardente prière , ensuite il prend la main du défunt en lui disant : « Au nom de Jésus-Christ, que les Juifs ont crucifié et qui est ressuscité des morts le troisième jour, lève toi. »

Aussitôt le jeune homme se lève et se prosterne aux pieds de l'apôtre : « Baptisez-moi, s'écrie-t-il, et marquez-moi du signe de la foi. »

A la vue de ce prodige, tout le peuple est dans l'enthousiasme. Un même cri s'échappe de toutes les lèvres : « Il n'y a d'autre Dieu que celui que prêche cet homme. » La population tout entière sollicite le baptême qui est conféré à plus de trois mille personnes.

Après deux mois de séjour à Toulx, saint Martial continue sa route et il arrive au bourg d'*Ergedium* (1) où il se met à prêcher Jésus-Christ. Les prêtres des idoles, entendant son discours, frappent brutalement l'apôtre du Christ et tous ceux qui l'accompagnent. L'homme de Dieu et ses disciples bénissent le Seigneur qui les a jugés dignes de souffrir pour son nom. Soudain tous ceux qui les ont mal-

____

(1) *Ergedium* ou *Agodunum*, aujourd'hui *Ahun*, chef lieu du canton du département de la Creuse.

traités se trouvent atteints de cécité. Devenus aveugles, ils se traînent à tâtons jusqu'à l'idole de Mercure ; ils consultent cette divinité, qui demeure muette. Ils s'adressent alors à une autre idole, érigée en l'honneur de Jupiter. Elle leur répond que depuis l'entrée de Martial qu'ils ont outragé, leur dieu est enchaîné. Saisis par cette parole, ils vont se prosterner aux pieds du Bienheureux Martial qui leur rend aussitôt la vue dont ils étaient privés.

Le saint apôtre les invite ensuite à se réunir devant la statue de Jupiter avec tout le peuple. Là, en présence de la foule rassemblée, il prononce ces mots : « Démon pervers, qui habites dans cette statue, je t'adjure par le Seigneur Jésus-Christ, d'en sortir et de la briser devant tout le peuple. Aussitôt la statue est réduite en poussière.

A la suite de ces prodiges, environ 2. 600 personnes sont baptisées dans ce bourg. Sur l'invitation du serviteur de Dieu toutes les idoles qu'on y possède sont mises en pièces.

Informé de ce miracle, un paralytique, riche et puissant, se fait porter auprès de l'homme de Dieu pour obtenir sa guérison. Le saint missionnaire lui rend aussitôt la santé : il refuse tous les présents qui lui sont offerts et il les fait distribuer aux pauvres.

Saint Martial était encore à Abun lorsque le Seigneur lui dit dans une vision : « Ne craignez pas d'aller jusqu'à la cité de Limoges, parce que je vous y glorifierai et j'y serai toujours avec vous. »

L'apôtre convoque tous les fidèles qu'il a baptisés et leur fait part de l'ordre qu'il vient de recevoir. Il les recommande au Seigneur, et, suivi de ses disciples, il se dirige vers la grande cité.

<h2 style="text-align:center">VI</h2>

Premières conversions a Limoges

EN arrivant à Limoges, avec ses disciples Martial va frapper à la porte d'une noble patricienne, nommée Suzanne, qui lui fait le plus bienveillant accueil. Dès le lendemain de son entrée dans la ville, le zélé missionnaire se met à prêcher publiquement le Christ et sa doctrine.

Dans la demeure où il a été reçu, se trouve un fou furieux, attaché avec plusieurs chaînes, que personne n'ose délier. Suzanne, entendant parler de nombreux prodiges qu'accomplit le missionnaire, le supplie de guérir cet infortuné.

Martial n'oublie pas que le divin Maître a dit : « Guérissez les malades qui sont dans l'habitation où l'on vous reçoit. » Il répond donc à la vénérable matrone : « Si vous croyez, vous verrez la gloire de Dieu. » Il fait ensuite le signe de la croix sur le pauvre dément. Aussitôt les chaînes du malade se brisent et il recouvre pleinement la santé.

À cette vue, Suzanne se jette aux pieds du saint, en sollicitant le baptême. Le serviteur de Dieu, s'empressant de répondre à son désir, lui confère le sacrement de la régénération ; il baptise également Valérie, sa fille unique. Il invoque le Seigneur pour ces deux néophytes qui sont aussitôt remplies du Saint Esprit. Le baptême est ensuite administré à tous les serviteurs et esclaves attachés à cette grande famille au nombre d'environ six cents.

Après cette conquête spirituelle, Martial se rend avec ses disciples au théâtre de la cité pour y proclamer l'évangile du règne de Dieu. Les prêtres des idoles, très irrités, font flageller les prédicateurs et les enferment en prison.

Le jour suivant, à l'heure où Martial est en prière, une brillante splendeur illumine son cachot ; les chaînes des captifs sont brisées, un tremblement de terre se produit, la foudre éclate et frappe les prêtres idolâtres qui ont persécuté les serviteurs de Dieu.

La terreur s'empare alors des habitants de la ville ; ils courent à la prison et ils se jettent aux pieds de l'homme de Dieu, en lui disant : « Si vous ressuscitez ces prêtres qui sont morts, nous croirons tous au Christ que vous prêchez »

Martial se fait conduire auprès des cadavres d'Aurélien et d'André, les deux prêtres tués par la foudre, Au nom de Jésus ressuscité, il leur commande de se lever.

Les deux ministres des idoles, rendus à la vie, s'attachent

aussitôt au saint missionnaire ; ils reçoivent le baptème, avec une grande multitude d'autres habitants de la Cité, convertis par ce miracle, et ils deviennent les deux disciples les plus dévoués de Martial.

L'un deux, Aurélien, devait être appelé à lui succéder sur le siège de Limoges. Secondé par cet ardent néophyte, le pontife du Christ dédie au premier martyr saint Etienne le temple où l'on vénérait auparavant les idoles de Jupiter, de Diane, de Mercure et de Vénus.

VII

ETIENNE ET SAINTE VALÉRIE

LA noble Suzanne, qui avait donné l'hospitalité à saint Martial, fut bientôt appelée à Dieu. Avant de quitter ce monde, elle avait eu soin de laisser au saint évêque de nombreux serviteurs et des ressources considérables pour les pauvres et pour l'église de Limoges. Sa fille Valérie, instruite par le saint apôtre, avait fait vœu de virginité : elle consacrait tout son temps et toutes ses ressources à seconder l'apostolat de l'homme de Dieu ; elle était sans cesse adonnée à la prière, aux veilles, aux jeûnes et aux œuvres de charité.

Un jour cette noble vierge apprend que son fiancé, légat de l'empereur dans l'Aquitaine, doit prochainement venir à Limoges ; elle ne doute pas que ce haut personnage ne soit vivement irrité en apprenant qu'elle s'est consacrée au Christ. Alors, désireuse de se conformer à tous les conseils de l'Evangile, elle vend tous ses biens pour les distribuer aux pauvres.

Sur ces entrefaites, le légat arrive dans la ville, et il s'empresse de demander sa fiancée. Informé qu'elle repousse son alliance, il entre dans une effroyable fureur ; il donne à son écuyer l'ordre de s'emparer de la jeune fille, de la conduire hors de la cité et de lui trancher la tête.

A l'heure même où la douce victime est sur le point d'être immolée, on entend une voix du ciel prononcer ces paroles :

« Ne craignez pas, Valérie ; les anges vous attendent pour vous recevoir dans la lumière éternelle. »

En écoutant ces mots, la jeune Vierge, pénétrée de joie, élève les yeux au ciel : « Seigneur, dit-elle, je remets mon âme entre vos mains ».

A cet instant, le glaive tranche la tête de la noble jeune fille. On voit son âme s'élever comme un globe lumineux, et des concerts angéliques chantent : « Vous êtes bienheureuse, martyre du Christ, parce que vous avez été fidèle au Seigneur. »

L'écuyer du gouverneur, témoin de toutes ces merveilles, en est tout bouleversé. Il est particulièrement ému d'une prédiction de Valérie qui lui a annoncé qu'il va mourir cette nuit même. Il se hâte d'aller raconter à son maître tout ce qu'il a vu et entendu. Il lui rapporte également la prophétie de la jeune fille au sujet de sa mort imminente.

Au moment où il termine son récit, le bourreau tombe inanimé aux pieds de son maître.

Cet incident tragique produit une vive impression sur le légat, qui entrevoit aussitôt l'étendue de son crime. Il se revêt d'un cilice et il fait appeler Martial.

A l'arrivée du missionnaire, il répand d'abondantes larmes : « J'ai péché, dit-il, en versant le sang innocent ; mais, je vous en conjure, ressuscitez mon écuyer et obtenez-moi la foi en votre Dieu. »

Le saint pontife convoque tous les fidèles qu'il a convertis : « Prions ensemble le Seigneur, dit-il, pour obtenir la résurrection de cet homme. »

Après une fervente supplication, il s'approche du corps inanimé de l'écuyer, lui prend la main et le ramène à la vie.

Le gouverneur d'Aquitaine, éclairé par ce miracle, sollicite le pardon de son forfait et, après l'avoir expié par la pénitence, il est admis au saint baptême, qui est conféré également à toute son armée. C'est alors, d'après une conjecture très vraisemblable, qu'il reçoit le nom d'Etienne, en se plaçant sous le patronage du premier martyr, à qui Martial a dédié, dans la cité de Limoges, l'ancien temple des idoles, transformé en un sanctuaire du Christ.

La conversion du représentant de l'Empire amène bientôt celle de la ville toute entière, Etienne fait don à saint Martial de diverses propriétés pour y construire des églises. Il fonde, en l'honneur de la vierge Valérie, un hôpital destiné à l'entretien de nombreux pauvres. Sur le sépulcre de la glorieuse martyre, il fait élever une basilique, et il sollicite de saint Martial la faveur d'être enseveli lui-même, après sa mort, à côté du même tombeau et de celui qui est destiné au saint pontife.

A l'époque de son avènement, l'empereur Néron invite le gouverneur de l'Aquitaine à se rendre en Italie, avec quatre légions de combattants. Etienne profite de ce voyage pour visiter saint Pierre. Il rencontre, dans les plaines du Vatican, le vaillant apôtre qui prêche l'Evangile à une foule nombreuse : « Nous venons, lui dit-il, des provinces évangélisées par Martial. Ce saint missionnaire a opéré de nombreux miracles, ressuscité plusieurs morts et converti d'innombrables fidèles »

Après avoir rappelé les merveilles accomplies par l'apôtre d'Aquitaine, Etienne avoue humblement le crime qu'il a commis lui-même, en faisant mettre à mort Valérie ; quoique purifié par le baptême, il sollicite du Chef des chrétiens une sentence extérieure de pardon, que Pierre, témoin de son repentir, lui accorde avec toute sa bienveillance apostolique.

Au moment où les légions du gouverneur, de retour d'Italie, approchent de Limoges, le jeune guerrier Hildebert, fils d'un noble chef de Poitiers, se noie dans la Vienne. Le père de l'infortuné et les autres officiers de l'armée vont aussitôt solliciter l'intervention de saint Martial, qui, touché de leur douleur, ordonne aux flots de ramener sur le rivage le corps de leur victime et rend la vie à Hildebert. Celui-ci, plein de reconnaissance, renonce alors au siècle et se consacre à Dieu ; attaché désormais au service de Martial, il ne cessa de mener une vie de pénitence et de prière.

VIII

Apostolat dans l'Aquitaine

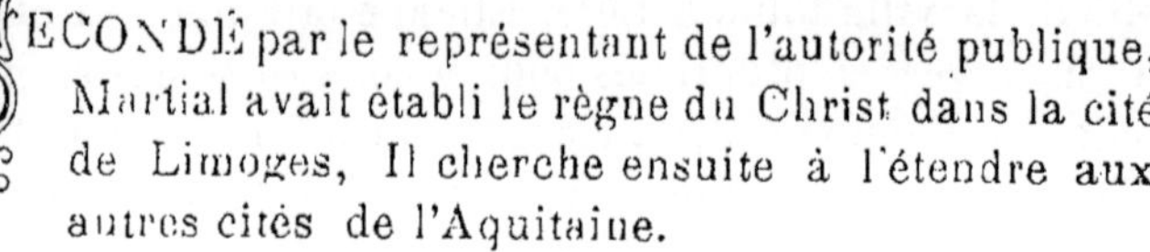

SECONDÉ par le représentant de l'autorité publique, Martial avait établi le règne du Christ dans la cité de Limoges, Il cherche ensuite à l'étendre aux autres cités de l'Aquitaine.

Le principal personnage de la ville de Bordeaux, nommé Sigebert et atteint de paralysie, entendit parler des prodiges opérés par le saint missionnaire : « Pourquoi, dit il à sa femme Bénédicte, ne vous rendez-vous pas auprès de cet homme extraordinaire qui, non seulement guérit les maladies, mais ressuscite les morts ? Nos dieux ne peuvent accomplir de telles merveilles. Allez donc, prenez de l'or, et voyez cet ami de Dieu ; il aura peut-être compassion de moi. »

Bénédicte s'empresse de se diriger vers Martial, accompagnée d'une nombreuse escorte. Le saint apôtre témoin de sa foi, lui promet que son mari sera guéri au contact du bâton de saint Pierre qu'il lui confie. Il refuse l'or qui lui est offert et il baptise la vénérable matrone et toute sa suite.

A son retour à Bordeaux, Bénédicte est reçue par les sommités de la ville et par les prêtres des fausses divinités. Elle ordonne au grand prêtre de détruire les temples des idoles et de conserver seulement celui qui est dédié « au Dieu inconnu. »

Ce pontife des faux dieux, appelé Sigebert, converti et plein d'amour pour le Christ, devait recevoir de saint Martial la consécration épiscopale et devenir évêque de Bordeaux. Il fut honoré plus tard sous le nom de saint Fort.

Bénédicte se rend auprès de son mari, impose sur lui le bâton de saint Pierre : Sigebert recouvre immédiatement une parfaite santé. Pénétré de reconnaissance, le puissant bordelais se hâte d'aller visiter saint Martial avec une brillante suite ; il reçoit le baptême que l'apôtre d'Aquitaine confère également à la foule nombreuse qui accompagne son visiteur. Le bâton de Pierre opère un nouveau miracle. Un violent incendie s'étant déclaré dans la cité, Bénédicte l'éteint immédiatement en opposant aux flammes cette relique du Prince des Apôtres.

Martial érige alors à Bordeaux un sanctuaire chrétien dans le temple dédié au *Dieu inconnu* ; il le place, comme les autres oratoires, sous le vocable de saint Étienne et il le confie, d'après la tradition, à Sigebert le grand prêtre qu'il a converti, et qui est connu sous le nom de saint *Fort*. Une ancienne chronique fixe à l'an 56 la fondation de cette église.

Martial dédie également à saint Étienne les églises qu'il établit à Agen, à Cahors et à Toulouse. Il semble qu'il ait mis sous le patronage du premier martyr du Christ toutes celles qu'il a fondées avant la mort de la Sainte Vierge.

A Toulouse, l'apôtre d'Aquitaine est secondé par saint Saturnin : c'est ce que rappelle une ancienne inscription de la basilique Saint-Sernin, où sont indiqués les principaux actes de ces deux pontifes.

C'est vraisemblablement dans cette cité que saint Martial fut rejoint par de nouveaux missionnaires, envoyés de Rome, par Pierre ou Clément son délégué, pour conquérir au Christ la Gaule tout entière.

IX

L'ASSOMPTION DE LA SAINTE VIERGE

SAINT Pierre et son disciple Martial avaient-ils attendu pour s'éloigner de l'Orient, que l'auguste Mère de Dieu eût quitté cette terre et qu'elle fut transportée par les anges à côté de son fils dans les Cieux ? C'est le sentiment de plusieurs écrivains modernes, qui conjecturent que Marie mourut à Jérusalem, l'an 42, et que les Apôtres se trouvèrent réunis autour de son tombeau, avant de se séparer pour aller prêcher dans les diverses contrées du monde. Cette opinion cependant ne concorde pas avec les anciennes traditions recueillies par les écrivains ecclésiastiques les plus autorisés.

C'est au 15 août de l'an 58, que ces docteurs éminents fixent
ce grand évènement. Saint Paul venait d'arriver à Jérusalem, après avoir parcouru la Grèce. la Macédoine et les
côtes de l'Asie Mineure. Les autres apôtres furent miracu-
leusement transportés dans cette même ville pour assister
au bienheureux trépas de la Mère du Christ. Ce fait mer-
veilleux est attesté par Juvénal, patriarche de Jérusalem au
cinquième siècle, et par saint Jean Damascène, dont le récit
est reproduit dans le Bréviaire romain (1).

Réunis à Jérusalem, les apôtres jouirent du spectacle
d'une vision angélique et ils entendirent les concerts des
esprits célestes, au moment où Dieu recevait l'âme glorieuse de Marie. Le corps de cette incomparable Vierge fut dé-
posé dans un cercueil à Gethsémani, au milieu des chants
des anges et des apôtres. Trois jours après, lorsque la mé-
lodie angélique eut pris fin, les apôtres ouvrirent le cercueil
pour permettre à saint Thomas, arrivé après cette mort. de
vénérer le corps sacré de la Mère de Dieu ; mais ils ne trouvèrent que les linges qui avaient servi à l'envelopper et ils
furent embaumés par une suave odeur qui s'en exhalait.
Saisis de ce prodige, ils comprirent que ce corps immaculé,
après avoir été le temple de Dieu. avait été préservé de toute
corruption et que Dieu l'avait ressuscité et transporté au sein
de sa gloire.

Parmi les témoins de ces merveilles, se trouvait saint
Denys l'Aréopagite qui les rapporte dans ses écrits.

Saint Martial assistait-il également à cette scène touchante ? Le texte de l'office du saint Voile, récité dans le
diocèse de Rodez au quinzième siècle, pourrait le faire conjecturer. On y lit, en effet, que les apô res et les disciples,
rassemblés autour de la dépouille mortelle de Marie. se par-
tagèrent les vêtements et les divers objets qui avaient été à
l'usage de cette auguste Vierge.

Toutefois saint Martial avait pu, même avant son premier

---

(1) Office du quatrième jour de l'Octave de l'Assomption. *Leçons
du 2ᵉ nocturne*

départ d'Orient obtenir les précieux souvenirs de Marie destinée aux églises qu'il devait fonder.

Plusieurs des pieuses femmes et des disciples, retenus à Jérusalem à cause de la présence de la Sainte Vierge, suivirent d'ailleurs en Occident le Chef des Apôtres lorsqu'après l'avènement de Néron, il revint à Rome, d'où l'empereur Claude, avait expulsé les Juifs.

Parmi ces personnes de l'intimité de la Vierge, figure *Bérenice* ou *Véronique*, demeurée célèbre par l'acte courageux qu'elle accomplit en allant essuyer le visage adorable du Christ, au moment où ce divin Rédempteur était conduit au Calvaire. Cette divine face s'imprima sur le voile de lin dont l'héroïque femme s'était servie. Véronique emporta ce trésor à Rome dans une riche cassette ; elle prit aussi des cheveux de la Sainte Vierge et de nombreux objets que l'auguste Mère de Dieu avait eus à son usage, pour laisser ces précieuses reliques dans les diverses cités où se fondait une société chrétienne.

Bernard Gui et plusieurs anciens écrits attestent que sainte Véronique et saint Amadour, son époux accompagnèrent Martial à Rodez, à Mende, au Puy, à Roc-Amadour et qu'ils portaient avec eux de pieuses reliques de la Sainte Vierge. Cette tradition n'est contredite par aucun document. Elle concorde avec les circonstances historiques de l'Assomption de la Sainte Vierge. Véronique et Amadour, qui avaient vécu dans l'intimité de Marie, semblaient providentiellement destinés à suivre Pierre au moment de son retour à Rome et à procurer aux envoyés du Chef de l'Église de pieux souvenirs de l'auguste Mère de Dieu.

Dès ce moment, c'est à Marie élevée au Ciel, que Martial érige les oratoires fondés par lui dans de nouvelles cités. C'est ce qu'il fait à Rodez, à Mende et au Puy, laissant dans ces diverses villes de saintes reliques de Marie. Il en dépose également à Clermont où il a déjà établi un premier sanctuaire sous le vocable de saint Etienne

X

Saint Martial chez les Ruthênes

D'APRÈS certains manuscrits du quinzième siècle, l'apôtre de l'Aquitaine dirigea vers la capitale des Ruthênes *Julien* et *Aurélien*, qui arrivèrent à Albi avec Marius, destiné à parcourir le Vabrais.

Julien, le premier de ces envoyés est vraisemblablement le saint missionnaire qui devait convertir au Christ la cité du Mans. En arrivant de Rome, dans les Gaules, il fallait qu'il traversât les régions évangélisées par saint Martial. On ne peut douter qu'en recevant sa mission du Chef de l'Église, il n'eût été invité à saluer saint Martial et à solliciter ses sages conseils.

Aurélien, son compagnon d'apostolat, nous est déjà connu. C'est le prêtre des idoles terrassé par la foudre et ressuscité par le saint pontife qui devait le désigner comme son successeur sur le siège de Limoges. Parfaitement instruit des mœurs et des préjugés des Gaulois, il était un auxiliaire précieux pour prêcher Jésus-Christ aux populations païennes.

Arrivés sur les montagnes d'où l'on aperçoit la capitale des Ruthênes, les deux missionnaires s'arrêtent pour y ériger un oratoire en l'honneur de Marie. Ils veulent ainsi placer leur entreprise sous le patronage de la mère du Christ récemment élevée au Ciel. Ils se dirigent ensuite vers Segodunum, où ils sollicitent l'hospitalité chez un noble romain. C'est dans la demeure de ce personnage éminent que s'installent les deux envoyés de Martial, l'appartement qui leur est offert leur fournit le premier oratoire chrétien de Segodunum.

Les missionnaires ont la consolation de voir l'hôte qui les a reçus goûter lui-même la parole du salut et leur demander le saint baptême ; sa fille se joint à lui et ils reçoivent ensemble le sacrement qui les attache au Christ. Tous les deux deviennent le centre d'un noyau de fidèles, parmi lesquels un poème roman du douzième siècle, écho des traditions ruthénoises, signale un jeune homme, distingué par sa droiture, par la pureté de ses mœurs et par son aimable bonté. C'est un des premiers baptisés et l'un des premiers qui sont instruits dans la doctrine chrétienne. Il reçoit le nom d'*Amans*, « celui qui aime »,à cause sans doute de l'ardeur de son amour pour le Christ et pour le salut de ses frères.

Après les disciples qui l'ont précédé, Martial arrive à son tour chez les Ruthènes.

Il rencontre ses deux envoyés à Ceignac, où il bénit la chapelle qu'ils ont érigée ; il y laisse des reliques de la Sainte Vierge. et il continue sa route vers Segoduuum avec ses compagnons de voyage, parmi lesquels saint Saturnin est expressément mentionné.

A Limozet, carrefour situé dans le voisinage de Ceignac, l'apôtre d'Aquitaine érige une croix, et il se rend ensuite dans la cité des Ruthènes.

Dans cette ville, il élève une église épiscopale en l'honneur de la Bienheureuse Vierge Marie ; il y dépose une chaussure et un voile de lin de Notre-Dame. Il y établit un évêque qu'il consacre le 1er mai et il continue à y demeurer pendant un mois entier, adonné sans cesse à la prière et à la prédication.

Pendant ce temps, Julien et son auxiliaire demeurent à Ceignac où ils persévèrent dans leurs pratiques de pénitence et de prière

Tel est le récit d'un manuscrit de Ceignac.

L'église érigée par saint Martial à Segodunum est probablement l'oratoire déjà placé par ses disciples dans la maison du noble romain qui les avait reçus. Les usages des premiers temps nous permettent de conjecturer qu'elle se trouvait sur l'emplacement de la cathédrale actuelle

Indépendamment de l'église dédiée à l'Assomption de la Sainte Vierge, on attribue à saint Martial l'érection d'un sanctuaire en l'honneur de saint Etienne, sur le point culminant de la ville. Ce qui est certain, c'est que l'église de Saint Etienne, aujourd'hui détruite, remontait à une époque très reculée.

Avec saint Saturnin, évêque de Toulouse, l'escorte de saint Martial, comprend d'autres disciples. Les anciens mémoires de la cathédrale signalent saint Amadour et sainte Véronique, qui secondent l'apostolat de saint Martial en apportent des souvenirs de la Mère du Christ.

Véronique dépose à Segodunum le voile que l'auguste Vierge avait au Calvaire et dont elle y couvrit son divin Fils ; l'étoffe est encore imprégnée des gouttes du sang divin. Cette femme héroïque fait don à la même église d'une chaussure de Marie, le Saint Soulier.

Est-ce en cette première visite que Martial imposa les mains sur la tête du jeune Amans pour lui conférer la consécration épiscopale ? L'ardeur de la charité du saint néophyte et sa maturité précoce justifieraient ce témoignage de confiance. On ignore d'ailleurs combien de temps Julien et Aurélien étaient restés dans la cité avant de retourner à Ceignac pour y attendre l'Apôtre d'Aquitaine.

Ce qu'il y a de certain, c'est que Martial établit un évêque à Segodunum, et que saint Amans a été toujours considéré comme le premier évêque de cette cité.

D'après les traditions ruthénoises, saint Martial ne convertit dans cette ville qu'une minorité de fidèles, une élite qui répandait le parfum de la charité chrétienne au milieu de nombreux païens.

L'apôtre d'Aquitaine avait donc enrichi Segodunum du bienfait de la foi, qui devait être son plus précieux patrimoine jusqu'à la fin des âges ; il lui laissait aussi de précieuses reliques de Marie, et un pasteur de choix pour garder fidèlement ce double trésor.

De cette ville, il se dirigea probablement vers la cité des Gabales, où il déposa des cheveux de Notre-Dame ; il mi à la tête de cette nouvelle église, l'évêque saint Séverien.

XI

Saint Martial au Mont Anis

L A route qui, partant de Rodez traversait le pays des Gabales, se dirigeait ensuite vers la cité des Vellaves, où saint Georges, disciple de saint Martial exercait son apostolat. Cette voie s'offrait naturellement à l'Apôtre d'Aquitaine pour se rendre au Mont-Anis.

Voici comment les traditions du Velay rapportent les circonstances qui avaient précédé ce voyage.

Parmi les fidèles baptisés par saint Georges, se trouvait une femme, qui fut atteinte d'une douloureuse infirmité. Pour recouvrer la santé, elle eut recours à l'intercession de la mère du Christ et elle reçut l'inspiration d'aller au Mont-Anis.

Docile à cette pensée qu'elle regarde comme venant du Ciel, la pauvre malade arrive à cette colline ; elle y passe la nuit sur une énorme pierre noire, qui avait autrefois servi de table à un autel drudique.

Durant son sommeil, une brillante reine lui apparaît, entourée d'anges, qui lui apprennent que la mère de Dieu veut être honorée en ce lieu jusqu'à la fin des siècles, ajoutant que comme marque de la réalité de cette vision, sa santé lui est entièrement rendue.

A son réveil, la malade constate sa parfaite guérison. Elle s'empresse d'aller rapporter à saint Georges la vision dont elle a été favorisée.

Le saint pontife se dirige aussitôt vers le Mont-Anis, qu'il trouve couvert de neige malgré la chaleur de la saison : c'était le 11 juillet. Soudain un cerf apparaît et, dans une course rapide, il trace sur la neige l'enceinte d'un édifice. Sur l'empreinte laissée par cet animal mystérieux, saint Georges fait planter une haie d'aubépines. Le lendemain la neige avait disparu ; mais l'aubépine était en fleurs.

C'est à la suite de ces prodiges, dont il est informé, que saint Martial se rend lui même au Mont-Anis, en compagnie de saint Amadour et de sainte Véronique. Il y dresse un autel en l'honneur de Notre-Dame ; Véronique y dépose une chaussure de Marie, analogue à celle qu'elle a donnée l'église de Rodez.

Quatre siècles plus tard, saint Evode devait transférer au Mont-Anis la chaire épiscopale, placée d'abord à *Revessione* aujourd'hui Saint-Paulien et faire construire l'église dont l'enceinte avait été tracée par le cerf mystérieux. Ce sanctuaire, inauguré par saint Martial, est devenu l'un des plus célèbres pèlerinages de France. Il a reçu le nom d'*église angélique*, parce que d'après la tradition, ce sont les anges eux-mêmes, qui en firent la consécration solennelle. On conserve, dans le trésor de Notre Dame du Puy deux flambeaux qui auraient brûlé pendant cette cérémonie céleste.

Du Mont-Anis, on traverse l'Auvergne pour aller à Limoges : saint Martial et ses compagnons de route s'arrêtèrent apparemment, en cette circonstance, à *Augusto Nemetum* (2), où Véronique offrit des cheveux de la Sainte Vierge, comme elle l'avait fait à l'église de Mende.

L'apôtre de cette région, saint Austremoine, d'après son biographe, prenait part tous les ans, avec saint Martial et saint Saturnin, à une réunion commune où ces trois évêques se concertaient sur les moyens les plus efficaces d'évangélisation. Il accompagnait peut être la pieuse phalange venue de Toulouse. S'il n'en faisait pas partie, il fut heureux de la recevoir dans la cité confiée à son zèle.

XII

Notre-Dame de Soulac

DE retour à Limoges, Martial s'attache de plus en plus à l'extension du règne du Christ, dans les Gaules.

C'est alors vraisemblablement qu'il se rend dans les contrées encore païennes des bords de l'Océan. Il s'arrête trois mois à Mortagne-sur-Gironde, où une foule immense vient écouter ses prédications. Il y opère de nombreux prodiges ; il y guérit neuf démoniaques, amenés de Bordeaux.

Sigebert et son épouse, informés de sa présence, se préparent à le rejoindre, leurs serviteurs s'adonnent aux occupations de la pêche, montés sur un vaisseau au milieu de la Gironde, lorsque soudain une effroyable tempête menace de

______

(1) Clermond-Ferrand se trouve à côté de l'emplacement de cette ancienne capitale des Arvernes.

submerger le navire. Bénédicte apaise la tourmente à l'aide du bâton de saint Pierre.

Amadour et Véronique, après avoir accompagné jusqu'à Mortagne l'apôtre de l'Aquitaine, le précèdent sur la rive opposée de la Gironde, où ils fixent pour quelque temps leur séjour. Ils s'y adonnent à la prière et ils prêchent le nom de Jésus aux habitants de la région.

C'est là que Véronique érige un oratoire en l'honneur de Notre-Dame.

Elle place dans ce sanctuaire la seule relique qui lui reste, une fiole contenant quelques gouttes du lait virginal de Marie. Le nom de *Soulac* rappellerait, d'après Bernard Gui, ce précieux dépôt, honoré dans la suite des âges en ce lieu de pèlerinage.

Martial ne tarde pas à rejoindre ses deux amis. Il érige un autel à *Notre-Dame de Soulac*, appelée aussi *Notre-Dame de fin des Terres* parce qu'elle est à l'extrémité occidentale du monde connu à cette époque.

Tandis que, sur les rives de l'Océan, Véronique se consacre à une vie de contemplation et de pénitence. Amadour, nous disent ses *Actes* (1), est envoyé par saint Martial à Rome auprès du prince des Apôtres.

Après deux ans de séjour dans la capitale de l'Empire, il revient à Limoges, apportant de précieux souvenirs qu'il a reçus du Chef de l'Église, notamment une tunique de la Sainte Vierge, un vase avec du sang de saint Étienne. Témoin du martyre de saint Pierre, il a recueilli également du sang et d'autres reliques du Prince des Apôtres.

La tunique de la Vierge est déposée au sanctuaire de Notre Dame de Soulac, où Véronique avait été un parfait modèle de la vie active et de la vie contemplative.

C'est à Soulac que meurt cette sainte femme, à qui l'église de Rodez est redevable de ses précieuses reliques de la Mère de Dieu.

---

(1) Ce document est publié par les Bollandistes, qui l'avaient reçu du Père Odo de Gissey. *Acta Sanctorum*, t. XXXVIII, p. 24 — Le P. Odo de Gessey a composé, au commencement du 17° siècle, une remarquable histoire de Roc-Amadour.

Son tombeau devint l'objet de la vénération publique et
son corps fut plus tard transféré à l'église Saint-Seurin de
Bordeaux. Le martyrologe gallican fait mention de sa mémoire au 4 février.

XIII

Notre-Dame de Roc-Amadour

NON loin de Soulac, Amadour érigea un nouvel oratoire en l'honneur de saint Pierre. Il se rendit ensuite dans le pays des Cadurques, où il avait vraisemblablement évangélisé déjà la cité de Divona, en compagnie de saint Martial.

D'après les traditions locales, l'apôtre, à l'époque de sa
mission dans cette ville aurait été persécuté par les prêtres
idolâtres et se serait réfugié quelques temps dans une grotte,
située sur la rive droite du Lot. L'église de Pradines, qui
s'élève sur la rive opposée, marquerait l'emplacement d'une
demeure où Martial allait célébrer les saints mystères en
traversant la rivière.

Cette fois saint Amadour se rend, nous disent ses *Actes*,
dans une vallée profonde, la vallée d'Alzou, fermée par des
rochers et d'un aspect effrayant. Il s'y fait un abri dans une
grotte, et le Seigneur délivre aussitôt cette contrée de toute
sorte de bêtes sauvages, ce qui cause à tout le voisinage une
vive joie et un grand étonnement.

Le pieux solitaire voit bientôt accourir autour de lui les
populations des régions environnantes et même celles des
pays éloignés. Il leur enseigne les doctrines de la foi, et,
dans la cavité du rocher, il construit une chapelle pauvre et
peu étendue, mais riche en reliques et célèbre par la mul-
tiplicité des miracles qui s'y accomplissent.

Dans ce sanctuaire, il s'adonne aux veilles et à la prière,
Sa réputation acquiert tant d'éclat, que les populations du
pays, quoique barbares et absolument incultes, recourent
à lui dans tous leurs besoins et viennent solliciter, avec des
larmes et des soupirs, ses prières et ses pieux suffrages.

Le bienheureux Amadour, rempli de piété et de miséricorde, console les affligés et donne l'exemple de toutes les vertus. Atteint de la fièvre, le Saint-Esprit lui révèle que sa fin approche. Il se fait alors porter dans l'oratoire qu'il a élevé à la bienheureuse Vierge, et, après avoir reçu les derniers sacrements, il exhorte ses frères à la pratique fidèle de la religion et de la charité mutuelle, et il expire entre leurs mains, en répétant plusieurs fois ces paroles : *Ave Maria gratia plena*. C'est le 26 août que son âme s'élance vers le Christ.

L'oratoire où mourut saint Amadour avait été consacré par saint Martial lui même, au rapport de Bernard Gui (1).

Une statue de l'Apôtre d'Aquitaine, érigée par les soins de Mgr Enard, évêque de Cahors, sur une plateforme qui avoisine le sanctuaire de Roc-Amadour, rappelle la visite de ce lieu privilégié par l'envoyé de saint Pierre.

Le *Martyrologe gallican* mentionne en ces termes la mémoire de saint Amadour :

« Le 20 août, au territoire de Cahors, fête de saint Amadour, confesseur, lequel de disciple de saint Martial étant devenu prédicateur évangélique, enseigna plus pleinement les Querciens que son maître avait déjà convertis à la foi de Jésus-Christ et, étant célèbre en sainteté, reposa dans le Seigneur. Son corps, après sa mort, se conserva plusieurs siècles tout entier en chair et en os, et, étant jeté dans les flammes par les Calvinistes, ne put jamais être consumé par icelles. » (1)

Le corps de saint Amadour avait été autrefois caché dans une cavité située près de l'entrée de la chapelle de Notre-Dame. Il y fut découvert en 1166 et transporté plus tard dans une église souterraine construite en son honneur.

En 1562, le sanctuaire de Roc-Amadour fut saccagé et brûlé par les Calvinistes qui s'acharnèrent surtout contre les restes du saint. Comme les flammes respectaient son corps, ils le mirent en pièces à coups de hallebardes. Les reliques qui échappèrent à leur fureur sont encore conservées dans une chasse.

---

(1) Voir son texte dans *Saint Martial*, par le Cardinal Bourret, page 171.

(1) *Martyrologium gallicanum, supplem,* 20 août, page 159.

La pierre d'autel, qu'on regarde comme l'autel consacré par saint Martial, fut retrouvée au milieu des décombres, ainsi que la statue de Notre-Dame. Cette vierge, haute de 75 centimètres, est assise sur un trône taillé dans le même bloc de bois ; elle n'est ni élégante, ni artistique ; mais elle est très ancienne et la tradition locale la fait remonter à saint Amadour lui-même.

Le sanctuaire de Roc-Amadour était très célèbre au moyen âge.

M. l'abbé Albe, chanoine honoraire de Cahors, a publié la copie d'un ancien manuscrit où sont relatés 126 miracles de Roc-Amadour. L'auteur de ce recueil, contemporain de la plupart de ces miracles, écrivait vers l'an 1172 ; c'était un moine ou chapelain du sanctuaire.

« La lecture seule des *Miracles*, dit l'éditeur dans son *Introduction*, suffit pour donner l'impression d'un pélerinage bien organisé. et *depuis longtemps*, au moment où écrit l'auteur. A cette date. le nom de Roc-Amadour est sur toutes les lèvres : de l'Italie comme de la Belgique. de l'Angleterre comme du fond de l'Allemagne, de l'Espagne comme de la Palestine, on vient au sanctuaire de Marie : on a déjà l'habitude d'y faire des pélerinages annuels : on y a organisé une confrérie dont les membres se trouvent partout. »

Au commencement du quinzième siècle la tradition locale identifiait saint Amadour avec Zachée de l'Evangile. C'était, à cette époque, le sentiment général qu'on peut regarder comme l'expression de la vérité historique. tant qu'il n'est pas démontré que cette croyance du quinzième siècle était injustifiée..

Cette question d'ailleurs est absolument secondaire. Que saint Amadour soit ou non, le même personnage que Zachée, il est toujours le disciple de saint Martial, justement considéré comme le fondateur des trois célèbres pélerinages de Notre Dame du Puy, de Notre-Dame de Soulac et de Notre-Dame de Roc-Amadour.

XIV

DERNIÈRES FONDATIONS D'ÉGLISES

MARTIAL après avoir fondé de nombreuses églises en
l'honneur de Notre-Dame, était rentré à Limoges
où il s'appliquait à confirmer ses fils dans la foi.
En même temps, il cherchait à faire rayonner la lumière
évangélique dans les bourgs et les villages de la contrée.

L'auteur de sa vie mentionne spécialement le village d'Au-
siac, voué au culte d'une fameuse idole de Jupiter, et situé,
d'après l'abbé Arbellot, dans la commune actuelle de Saint-
Laurent-les-Églises, à une trentaine de kilomètres de Limoges. Des fouilles, exécutées vers la fin du dernier siècle,
ont fait découvrir en cette localité les débris d'un temple
païen. C'était vraisemblablement l'édifice où se trouvait une
idole de Jupiter que saint Martial donna ordre au démon
lui-même de détruire, après lui avoir commandé de se mon-
trer au peuple sous une forme sensible, propre à le faire
connaître tel qu'il était. L'esprit du mal, qui se faisait ado-
rer sous le nom de Jupiter, apparut alors avec l'aspect d'un
horrible petit argillon et quitta la statue en la réduisant en
poudre.

Avant de s'éloigner, le serviteur de Dieu obtient le retour
à la santé de toux les malades de la localité, et non co[illegible]

[illegible]

[illegible]

que [illegible]

mais, ce n'est pas Poitiers [illegible] Ayons [illegible] la Basilique qu'il
va fonder.

Après Poitiers, c'est *Angoulême*, où il établit l'évêque
Ausone (1) ; c'est *Saintes*, église également dédiée à saint
Pierre et confiée à saint Eutrope (2).

---

(1) *Ausone*, originaire du pays, fut baptisé et formé par saint Martial. Ce saint fut martyrisé : sa fête se célèbre le 22 mai.

(2) *Eutrope* fut envoyé, dit Grégoire de Tours, par saint Clément.
On n'en peut pas conclure avec certitude qu'il reçut sa mission après
la mort de saint Pierre, parce que, comme nous l'avons rappelé,

De retour à Limoges, l'apôtre d'Aquitaine y construit un sanctuaire enl'honneur de saint Pierre, à côté du tombeau de sainte Valérie et du sépulcre où lui-même doit être un jour enseveli.

La vie dite d'Aurélien relate les détails de la dédicace solennelle de cette église, qu'elle fixe à l'année même de l'avènement de Vespasien.

Martial revient à Bordeaux, où déjà, il a élevé un temple à saint Etienne. Il songe à ériger aussi un magnifique monument à la gloire du Prince des Apôtres. Mais Pierre lui révèle dans une vision, le martyre d'André, son frère, et il l'invite à dédier à ce saint apôtre l'édifice qu'il a projeté deconstruire.

C'est ainsi que Martial étendait son action dans toute l'Aquitaine, en s'imposant les plus dures fatigues. Il faisait à pied ses courses apostoliques, sans jamais se servir d'un cheval ou d'une monture ; il se conformait à la lettre à tous les conseils que JÉSUS-CHRIST donnait à ses disciples en les envoyant prêcher.

L'apôtre d'Aquitaine avait l'intuition des âmes et connaissait les secrets des cœurs. Modèle accompli de toutes les vertus chrétiennes, il opérait de nombreux miracles : douze anges du Seigneur l'accompagnaient sans cesse et il ramenait à Jésus-Christ une immense multitude d'infidèles.

Ayant conféré l'ordination épiscopale à son disciple Aurélien, il le chargea de lui succéder sur le siège de Limoges. Aurélien reçut à son tour le don des miracles.

---

pendant les courses du Prince des Apôtres, saint Clément le remplaçait à Rome.

On peut conjecturer avec beaucoup de vraisemblance qu'Eutrope fut du nombre des auxiliaires qui rejoignirent saint Martial à Toulouse après l'Assomption de la Sainte Vierge et qu'il était le compagnon de saint Amadour et de sainte Véronique.

Saint Eutrope en effet avait laissé autrefois de profonds souvenirs dans le diocèse de Rodez ; une chapelle lui était dédiée dans notre ancienne cathédrale ; nos premiers calendriers connus portent sa fête au 3o avril, et son culte est encore très vivant dans plusieurs paroisses de notre diocèse.

XV

Mort de saint Martial

MARTIAL était en prières, selon sa coutume, l'orsqu'un jour le Sauveur lui apparut resplendissant de lumière.

« La paix soit avec vous, frère très fidèle, » lui dit Jésus.

— « Je supplie votre clémence, répond Martial, de m'élever au bonheur céleste que vous avez promis à ceux qui vous aiment ».

— « Dans quatorze jours, reprend Jésus, je vous recevrai avec les anges et les saints, et vous serez héritier de mon royaume ».

Martial s'empresse de faire part à ses frères de cette communication céleste. Il envoie des messagers dans les diverses provinces de l'Aquitaine, pour inviter ses fils en Jésus-Christ à venir recevoir ses suprêmes conseils et sa dernière bénédiction.

A cette nouvelle, les fidèles accourent en foule : ils arrivent du Poitou, du Berry, de l'Auvergne, de la Gascogne, de la région de Toulouse et de toutes les contrées de la Gaule. Ils ont à cœur d'entendre et de voir une dernière fois l'homme de Dieu.

Une immense assemblée se forme hors de la cité de Limoges, auprès de la porte Calcinée. L'apôtre d'Aquitaine, dans une allocution enflammée, résume la doctrine et la morale de l'Evangile. Ensuite il bénit solennellement ses auditeurs en prononçant la formule employée plus tard par saint François d'Assise : « Que le Seigneur vous bénisse et qu'il vous garde, et qu'il ait pitié de vous ! Qu'il dirige son visage sur vous et qu'il vous donne la paix ».

Après avoir appelé sur ses fils les faveurs divines, Martial se fait transporter à l'église de Saint-Etienne.

Etendu sur la cendre et revêtu d'un cilice, il élève ses mains et ses regards vers le Ciel : « Seigneur, dit-il, ouvrez-moi

la porte de la vie. Jésus bon pasteur que j'ai toujours aimé, je remets mon âme entre vos mains ».

Les assistants fondent en larmes et ne cessent de sangloter. Soudain une éblouissante lumière remplit l'église et l'on entend des concerts angéliques chanter : « Bienheureux celui que vous avez choisi et élevé jusqu'à vous ! Il habitera dans vos saints tabernacles pour les siècles. »

C'était, d'après le biographe du saint, le 30 Juin de l'an 74 troisième année de l'empire de Vespasien.

Le lendemain, un paralytique recouvre la santé en touchant le cercueil de l'homme de Dieu. Lorsqu'arrive l'heure des obsèques, les populations affluent de tous les côtés et la foule devient innombrable. Le Bienheureux Alpinien, par le contact d'un linge du saint, guérit tous les malades rassemblés auprès de la dépouille mortelle de Martial.

XVI

Tombeau de saint Martial

LES restes du saint apôtre ne cessèrent d'être l'objet d'un culte empressé de la part des habitants de Limoges et de ceux des contrées environnantes. Grégoire de Tours constate qu'au sixième siècle le tombeau de saint Martial, par l'éclat des miracles et l'empressement [illegible]

[illegible]

[illegible]

[illegible]

[illegible] Orient et ensevelis auprès de ce prodige.

Les livres des *miracles* écrits aux siècles suivants et l'histoire du monastère fondé au tombeau de saint Martial témoignent que la mémoire de ce saint n'a jamais cessé d'être en grand honneur jusqu'au onzième siècle.

La crypte où reposait le corps de saint Martial et de ses compagnons faisait partie d'une église dédiée à saint Pierre et appelée « Saint Pierre du Sépulcre. »

Le 13 octobre de l'an 830 une basilque plus grandiose,

élevée au dessus de l'église précédente, fut dédiée au Saint Sauveur et on y déposa le corps de saint Martial, qui ne parut point satisfait d'être ainsi déplacé.

La crainte des Normands, au neuvième siècle, amena plusieurs autres translations des mêmes reliques qu'on considérait comme le trésor le plus précieux et qu'on eut soin de soustraire aux envahisseurs, en les cachant deux fois au château de Turenne et une fois au monastère de Solignac.

En plusieurs circonstances, elles furent promenées solennellement sur les hauteurs qui dominent Limoges, pour arrêter le terrible fléau du *Mal des Ardents*. Ce mal fut subitement arrayé en 994 et la colline où le miracle s'était produit reçut le nom de Montjauvy « mont de la joie », pour rappeler l'allégresse occasionnée par cette heureuse délivrance.

La basilique du Saint Sauveur ayant été détériorée par un incendie, on la détruisit pour y substituer un monument encore plus vaste qui fut solennellement consacré le 19 novembre 1028.

Au XIIe siècle commencèrent les *ostensions* ou expositions solennelles des reliques à la vénération des fidèles. Depuis l'an 1520, ces ostensions ont lieu périodiquement tous les sept ans, au temps pascal.

La nouvelle basilique du Saint Sauveur et de Saint Martial subsista jusqu'à la grande révolution qui termina le dix-huitième siècle. Dès 1790, l'ordre avait été donné de démolir cet édifice. La châsse qui contenait la tête de saint Martial fut alors transférée à l'église Saint Michel-des-Lions.

Le 24 janvier 1793, ce magnifique reliquaire fut brisé et emporté par des agents révolutionnaires ; mais deux officiers municipaux, chargés de cette mission sacrilège, sauvèrent le chef renfermé dans cette châsse et le conservèrent fidèlement dans leur famille jusqu'à l'époque de la restauration du culte. Cette précieuse relique fut rendue au clergé de Saint-Michel et Mgr du Bourg, alors évêque de Limoges, en constata l'authenticité le 13 juin 1803.

En 1889 eut lieu, dans l'église Saint-Michel, la consécration d'un monument grandiose. comprenant trois autels dont le principal est dédié à saint Martial. le second à sainte Valérie et le troisième à saint Loup, évêque de Limoges.

Sur l'autel de saint Martial, vrai chef-d'œuvre artistique, une très belle châsse renferme le chef du glorieux apôtre d'Aquitaine.

L'ancienne basilique du saint fut complètement détruite au commencement du dix-neuvième siècle ; sur son emplacement on a construit, en 1837, le théâtre actuel. Aussi l'évêque de Limoges. annonçait-il comme une réparation le monument érigé dans l'église Saint-Michel.

Ce zélé pontife fit revivre la grande confrérie de saint Martial, dont les membres sont au nombre de 72. pour rappeler que l'apôtre d'Aquitaine faisait partie du groupe des 72 disciples du Sauveur.

Dans cette association, on remarque plusieurs laïques des plus distingués de la ville de Limoges. Ils s'attachent à promouvoir le culte de saint Martial. dont ils célèbrent avec pompe la solennité principale le 30 juin. Ils font aussi trois autres fêtes en l'honneur de ce saint apôtre : celle de l'apparition dont il fut favorisé le 16 juin quatorze jours avant sa mort ; celle de la translation de ses reliques le 16 octobre et celle du *miracle des Ardents* le 12 novembre, en mémoire de l'éloignement de la peste par sa puissante intercession.

C'est ainsi que Limoges honore la mémoire du grand saint à qui les magistrats, dès leur élection, rendaient autrefois hommage comme au souverain de la cité.

<h2 style="text-align:center">XVII</h2>

<h3 style="text-align:center">Culte de saint Martial a Rodez</h3>

LA cité de Rodez n'a jamais oublié qu'elle était redevable à saint Martial du bienfait de la foi. Nos plus anciens documents rappellent le culte rendu par nos ancêtres au saint apôtre d'Aquitaine.

Dans l'ancienne cathédrale, dont le chevet s'écroula en 1276, un autel en l'honneur de saint Martial s'élevait à côté de l'autel principal, dédié à Notre-Dame et contenant plu-

AUTEL ET CHASSE DE SAINT MARTIAL

sieurs reliques apportées par l'illustre apôtre. C'est ce que
constate le procès verbal rédigé à la suite de cet ccident
Cet édifice avait été construit au sixième siècle : l'autel de
saint Martial remontait vraisemblablement à la même
époque.

Nos anciens calendriers signalent la fête de saint Martial
parmi les solennités diocésaines ; elle est célébrée avec une
octave. Dans les vieux livres de chant de la cathédrale, encore conservés, l'office de cette fête occupe uue place considérable ; la colligraphie en est particulièrement soignée
et accompagnée d'élégantes miniatures.

Ce saint est honoré comme le patron spécial du chapître :
une des cloches de la cathédrale est baptisée sous son vocable ; sa statue fut sculptée sur la tour du clocher et plus
tard sur les belles orgues qui prêtent une voix à ce majes-
tueux édifice.

L'administration municipale, de son côté, avait rendu
hommage à saint Martial en donnant de temps immémorial
à la porte principale de la Cité le nom même de l'apôtre ,
d'Aquitaine arrive dans la ville par cette entrée.

Ce n'est pas seulement la localité de Rodez qui garde un
souvenir reconnaissant de la venue de saint Martial dans
notre pays : le Rouergue tout entier honore sa mémoire.

Dès l'an 972, avant les conciles de Limoges, une église
dédiée à saint Martial est donnée à l'abbaye d'Auriac par la
comtesse de Toulouse. L'absence de documents antérieurs
ne nous permet pas de remonter plus haut ; mais les locali-
tés si anciennes de Marcillac, Saint Martial, Marzials et
autres prouvent l'antiquité du culte de saint Martial dont
elles ont conservé le nom.

L'an 1099, le seigneur Iscafrède, propriétaire d'une terre
appelée Modulance, se rendit à Limoges pour prier au tombeau de saint Martial. A l'occasion de son pélerinage, il ré-
solut de donner cette terre aux moines qui desservaient ce
sanctuaire,

Ce pélerinage et la réalisation du projet qu'il inspira

montrent combien était grande dans le Rouergue la dévotion à saint Martial.

La fondation du monastère de Rieupeyroux ne fit que développer le culte rendu à ce saint ; les moines, de ce couvent furent appelés dans de nombreuses paroisses du Rouergue, telles qu'Aspriéres, Lagarde, La Panouse de Cernon, Floirac, Naussac, etc.

On se rend encore en pélerinage, pour vénérer saint Martial et obtenir diverses grâces, dans plusieurs paroisses, telles que Saint Martial, Naussac ; à Marcillac on conserve de petits ossements de ce saint patron de la localité.

Le souvenir de la venue de saint Martial donc a gardé fidèlement dans le diocèse de Rodez, où la mémoire de ce saint apôtre a toujours été bénie et vénérée, comme celle d'un des principaux bienfaiteurs du pays.

XVIII

RELIQUES DE LA SAINTE VIERGE

LA présence dans notre cathédrale des reliques apportées par saint Martial rend témoignage à l'évangélisation des Ruthènes par l'apôtre d'Aquitaine.

Les anciens textes liturgiques de plusieurs fêtes, spécialement l'office des saintes reliques, rappelaient que ce saint missionnaire avait apporté à Rodez le saint Voile et plusieurs autres souvenirs de la Sainte Vierge, dont le trésor de la cathédrale était enrichi. Nos pères ne manquaient pas de glorifier l'apôtre qui leur avait procuré ce grand bienfait.

L'évêque Gilbert de Cantobre, au quatorzième siècle, et les chanoines de la cathédrale, au commencement du quinzième siècle, sollicitent des indulgences à l'occasion de la relique du Saint Voile et rappellent expressément qu'elle a été apportée par saint Martial

Les leçons de l'office du quinzième siècle mensionnent le voile et la chaussure de la Sainte Vierge. Ces deux reliques sont encore conservées. Vérifiées après la Révolution, elles furent l'objet d'une enquête canonique prescrite par Mgr

Delalle, en 1857, et le dimanche après la Toussaint de l'année 9, on les transféra solennellement à la cathédrale.

Le Saint Soulier

La chaussure ou « Saint Soulier » de la Sainte Vierge est placée dans une des châsses exposées les jours de fête sur le maître autel de la cathédrale. Voici comment le procès-verbal de reconnaissance du chapitre décrit cette relique.

« Ce soulier, posé sur un coussinet de soie rouge, est tout en cuir. On a coupé et enlevé environ les deux tiers de la semelle, ainsi qu'une partie de la pointe de l'empeigne. La longueur qui reste est de 25 centimètres, et il paraît que la longueur totale était d'environ 28. La largeur la plus considérable de la semelle devait être tout au plus de 7 centimètres, à en juger par ce qui en reste. Nous avons recouvert, d'une pièce de velours rouge la pointe du soulier, pour le soustraire à de nouvelles dégradations ; puis nous l'avons fixé avec un fil de soie rouge et scellé sur le coussinet. »

Bon de Marlavagne, dans son *Histoire de la Cath'drale*, publie un inventaire de la chapelle du *Saint Soulier*, fait en 1322. Cette relique qui donnait son nom à la dite chapelle y est mentionnée en ces termes : « *Le Soulier de Notre-Dame avec son ornement.* »

Le docte écrivain ajoute en note les détails suivants :

« Le Saint Soulier existe encore. Il est en cuir noir doublé de cuir blanc. Le cuir principal paraît avoir été verni. La semelle est formée du même cuir que l'empeigne. La couture qui les réunit est pareille à celle d'un habit. Au-dessous du soulier, il y a une broderie de soie rouge, verte et blanche. La semelle ne porte aucune trace d'usure.

« Le soulier était renfermé dans une boîte très simple de chêne sans ornement et, chose remarquable, sans serrure. Les sacristains racontent qu'au jour de l'exposition, des personnes indiscrètes profitant d'un moment favorable, ouvraient la boîte et coupaient un morceau de la sainte chaussure. Il manque les trois quarts de la chaussure ancienne. »

La chapelle du saint Soulier était appelée aussi « la chapelle du *samedi* », parce que les chanoines avaient l'habitude de s'y rendre chaque samedi pour vénérer cette précieuse relique.

Cette chapelle existait déjà dans l'ancienne cathédrale :

Reliquaire du saint Voile

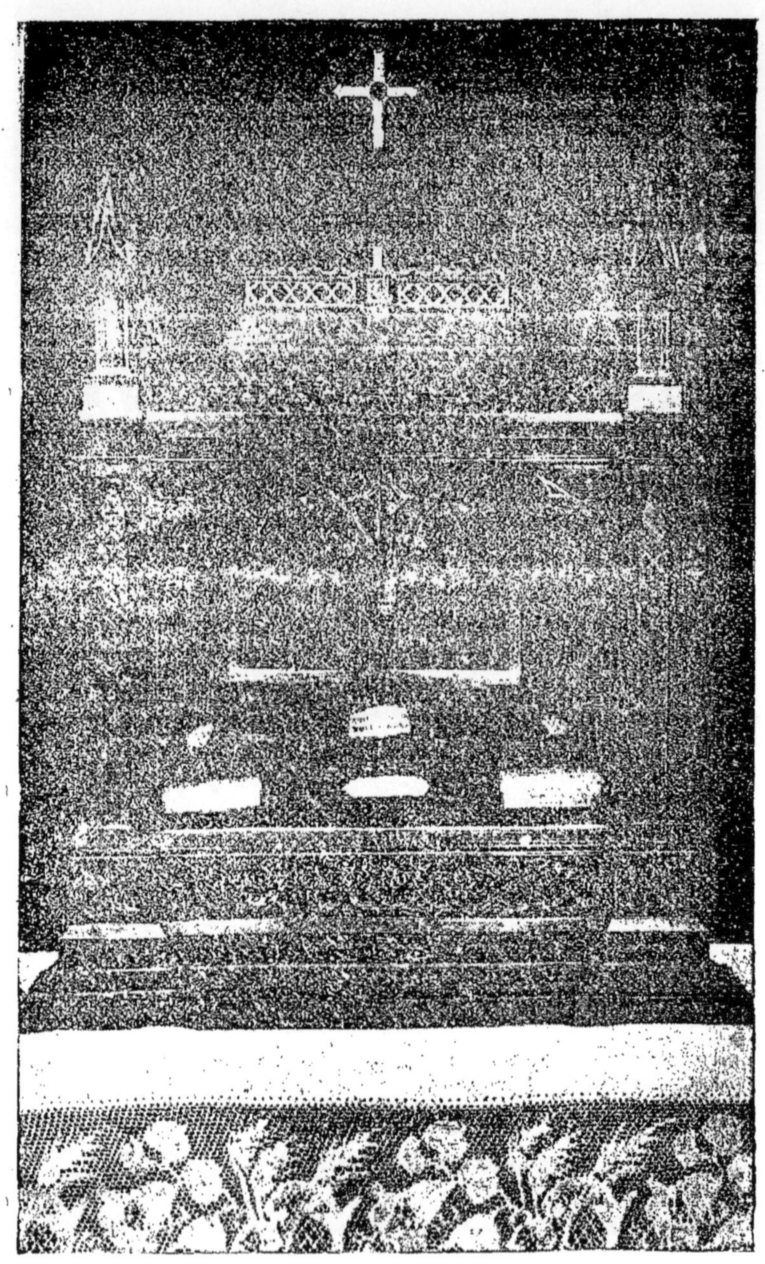

RELIQUAIRE DU SAINT SOULIER

nous la trouvons mentionnée dans l'acte d'une donation fai
te en 1246 à l'abbaye de Nonenque, avec la charge d entre-
tenir une lampe devant la chapelle du Saint Soulier.

Le Saint Voile

Le saint Voile, également reconnu et renfermé dans une
châsse par Mgr Delalle, a été examiné plus tard par Mgr
Bourret, qui nous apprend que cette relique est une étoffe
de lin tissé, à peu près carrée, de 70 à 80 centimètres de
côté et qu'à cause de sa vétusté, les plus grandes précau-
tions ont été nécessaires pour la placer dans le beau reliquaire que ce prélat a fait confectionner.

Avant la Révolution, le saint Voile était renfermé dans un
vase de cristal et d'argent, donné à la fin du treizième siècle
par Henri II, comte de Rodez.

Le cardinal Bourret et Mgr Aldebert, archiprêtre,
ont fait confectionner, pour le conserver, un reliquaire très
artistique. Dans une élégante châsse en forme de coffre, se
trouve déposée une enveloppe en étoffe, contenant trois autres enveloppes de moindre dimension, dont chacune renferme un fragment du saint voile. Plusieurs parties de cette
sainte relique, sont actuellement comme pulvérisées par
suite de leur vétusté.

Ce pieux souvenir, qui date de dix-neuf siècles, n'en est
que plus vénérable et plus précieux.

Il nous rappelle la dévotion filiale de nos pères envers
l'auguste Vierge Marie ; il est le gage de la protection cons-
tante de la Reine du Ciel sur notre cité ; il est enfin un mé-
morial permanent de l'apostolat de saint Martial.

Indépendamment de la châsse qui contient la sainte relique et qu'on voit représentée à la page,   le cardinal Bourret
a fait faire un grand ostensoir dans lequel on l'a placé, à
l'occasion de certaines solennités, lorsqu'on expose le saint
Voile aux regards des fidèles.

L'éminent prince de l'Eglise, qui a tant fait pour les res-
taurations de nos grands souvenirs religieux, avait projeté
également de rendre saint Martial titulaire de l'un des principaux autels de la cathédrale, comme il l'était autrefois.

Espérons que ce vœu de notre grand cardinal sera bientôt réalisé et que Rodez gardera toujours une profonde reconnaissance au vaillant apôtre qui est venu, au prix de tant de labeurs et de sacrifices, lui faire connaître JÉSUS-CHRIST et lui enseigner le chemin du Ciel.

TABLE DES MATIÈRES

VIE DE SAINT AMANS

Premier évêque de Rodez
par M. le Chanoine TOUZERY

Prix : 30 centimes. — Franco : 40 centimes

La *Vie de saint Amans* est un abrégé de l'*Histoire de saint Amans* par le même auteur. On a retranché de cette édition spéciale les indications, discutions et références qui n'intéressent que les érudits.

Cette vie, accessible à tous, est un excellent ouvrage pour les écoles et les catéchismes.

COURS DE MORALE CHRÉTIENNE

par M. le Chanoine TOUZERY

Un fort volume in octavo de 636 pages. — Prix : 2 fr ; franco, 2 fr 50.

La philosophie allemande, qui s'était glissée depuis longtemps dans notre enseignement, avait faussé les principes de la morale, la science pratique la plus importante.

Il est essentiel de revenir à la morale de nos aïeux, qui est la morale catholique, la vraie morale française.

Le Cours de morale, édité par l'imprimerie catholique, à Rodez, nous paraît particulièrement utile pour obtenir ce résultat.

Il comprend quatre parties.

La première partie consacrée à l'*Anthropologie* ou « Étude de l'homme » traite tour à tour l'*union de l'âme et du corps*, les *facultés de l'âme humaine*, sa liberté, sa *spiritualité*, son *immortalité* et sa véritable *destinée*.

On y trouve la réfutation raisonnée des systèmes *matérialistes* et *naturalistes* des incrédules contemporains.

La seconde partie comprend la *Morale générale*.

Elle traite les questions concernant les *actes humains*, le *bien* et le *mal*, la *loi*, la *conscience*, le *péché*, la *vertu*, le *vice*, le *mérite*, la *grâce* et la *tentation*.

La troisième partie du *Cours de Morale*, traite de la morale spéciale individuelle et comprend neuf chapitres : la *foi*, l'*espérance*, la *charité*, la *prudence*, la *justice*, la *force*, la *tempérance*, les *divers genres de vie*, les *états de vie*.

La quatrième partie s'occupe de la *Morale sociale*.

Elle étudie successivement la *société humaine en général*, la *famille*, la *société civile*, l'*Église*, les rapports de l'*Église* et de l'*État*, les *sociétés libres ou conventionnelles* avec toutes les questions importantes qui se rattachent à ces sujets si pleins d'actualité.

Chaque partie est suivie d'un résumé et d'un questionnaire qui en facilitent l'étude et qui permettent de se rendre compte de toutes les matières traitées.

HISTOIRE DE FRANCE

Les circonstances actuelles rendent plus particulièrement opportune la lecture de l'histoire de France. Plus nous connaîtrons notre patrie, plus nous apprendrons à l'aimer et à la servir avec un filial dévouement.

Nous recommandons spécialement à nos lecteurs l'*Histoire de France* qui a paru à l'*Imprimerie Catholique*.

C'est un volume petit octavo de 425 pages, d'une lecture intéressante et accessible à tous. Prix : 1 franc 30. Franco : 1 franc 60.

—o—

Histoire Contemporaine.
Ire Période : La Révolution française. prix : franco : 0 90.
2ᵉ Période : Napoléon, prix : 0 fr. 75 ; franco : 0 fr. 90.
3ᵉ Période : La Restauration, prix : 0 fr. 75 ; franco : 0 fr. 90.
Ces trois volumes pris en même temps se vendent : 2 fr. franco : 2 fr. 30.

—o—

Politesse chrétienne. prix : 0 fr. 75 ; franco. 0 fr. 85.

—o—

Cours de Pédagogie, prix : 1 fr. 25 ; franco : 1 fr. 50.

—o—

Exercice de Composition française, prix 1 fr. ; franco : 1 fr. 25.

—o—

Histoire de la Révolution Française, prix 2 f. ; franco : 2 fr. 30.

—o—

Catéchisme expliqué aux enfants, par M. lechanoine Moisset, broché. Prix de faveur pour le diocèse de Rodez) : 2 fr. ; franco : 2 fr. 40.

Liturgie expliquée aux fidèles, par M. le chanoine Moisset, prix : 2 fr ; franco : 2 fr. 40.

—o—

Méthode pratique de Plain-Chant, prix : 0 fr. 25 ; franco : 0 fr. 30. Le cent : 15 fr, plus le port.

—o—

Manuel du Tiers-Ordre de saint François d'Assise, prix : cartonné, 1 fr ; franco, 1 fr. 15.

THÉOLOGIE ASCÉTIQUE

par M. le chanoine TOUZERY

Un volume in 8º de 372 pages, en vente à l'Imprimerie Catholique, 3 fr. ; franco par la poste, 3 fr. 50